Verschiedene Aspekte psychotherapeutischer und psychoanalytischer Wirkfaktoren

Bernhard Rippe

Verschiedene Aspekte psychotherapeutischer und
psychoanalytischer Wirkfaktoren

Über den Autor:
Dr. Bernhard Rippe ist Diplom-Psychologe und Psychoanalytiker (DGPT). Er arbeitet in Bremen als Psychologischer Psychotherapeut in eigener Praxis und als Lehr- und Kontrollanalytiker. Neben verschiedenen Projekten zu Fragen der Krisen- und Konfliktverarbeitung und zur psychoanalytischen Ausbildung ist er Co-Autor des interdisziplinären Fachbuches „Mensch im Stress. Psyche, Körper, Moleküle" (L. Rensing, M. Koch, B. Rippe, V. Rippe, Elsevier Verlag München 2005, 2013). Weitere Titel des Autors: „Psychoanalytische Zitate. Markierungen einer Lernentwicklung als Psychologischer Psychotherapeut und Psychoanalytiker" (BoD Norderstedt 2013); „Grundkurs Psychoanalyse in der psychotherapeutischen Praxis" (BoD Norderstedt 2014).

Bibliografische Information der Deutschen Nationalbibliothek:
Die Deutsche Nationalbibliothek verzeichnet diese Publikation in der Deutschen Nationalbibliografie; detaillierte bibliografische Daten sind im Internet über http://dnb.dnb.de abrufbar.
© 2015 Bernhard Rippe

Herstellung und Verlag:
BoD – Books on Demand, Norderstedt

ISBN 978-3-7386-5146-1

Inhalt

Vorwort 7

1 Wirkfaktoren – die Perspektive setzt den Schwerpunkt 9

2 Psychoanalytische Konzepte in der analytischen und tiefenpsychologisch fundierten Psychotherapie 14

2.1 Krankheitsentstehung 16

    2.1.1 Krankheitsentstehung – intrapsychischer Konflikt (Beispiel 1) 16

    2.1.2 Krankheitsentstehung – Struktur (Beispiel 2) 17

    2.1.3 Krankheitsentstehung – Traumafolgestörung 20

2.2 Indikation 20

    2.2.1 Indikation – intrapsychischer Konflikt ... 20

    2.2.2 Indikation – Struktur 21

    2.2.3 Indikation – Traumafolgestörung 21

2.3 Therapietechnik 22

    2.3.1 Therapietechnik – intrapsychischer Konflikt 22

    2.3.2 Therapietechnik – Struktur 23

    2.3.3 Therapietechnik – Traumafolgestörung.. 24

3 Beziehungskonzept und Therapietechnik 27

3.1 Die Arbeitsbeziehung 27

    3.1.1 Das Arbeitsbündnis 28

    3.1.2 Die fördernde und stützende Haltung 28

    3.1.3 Die beobachtende und objektivierende Haltung 30

3.2 Die Alter-Ego-Beziehung 32

3.3 Die Übertragungsbeziehung 33

3.4 Die Dialog-Beziehung 33

4 Emotionen und Psychoanalyse 35

4.1 Emotionen in der psychotherapeutischen Praxis 37

4.2 Das Wesen einer Neurose 41

5 Die Geschichte der Schaukel. Eine alte Erzählung mit einer neuen Fortsetzung 47

Literatur 61

Vorwort

Die Frage nach den psychotherapeutischen Wirkfaktoren eröffnet ein interessantes und schwieriges Thema. Jede Therapiemethode unterscheidet zunächst die allgemeinen und unspezifischen Faktoren und dann die Positionen, die das eigene Verfahren – auch in der Abgrenzung zu anderen – besonders auszeichnen. Dabei ist ein rundum überzeugendes Erklärungsmodell nicht in Sicht, und es wird wohl auch ein nicht erfüllbarer Wunsch bleiben. Trotzdem ist es aus inneren und äußeren Gründen (Forderungen der Identität, der Wissenschaft, der Krankenversorgung z. B.) von großer Bedeutung geblieben, an überzeugenden Positionen zu arbeiten und die verschiedenen Standpunkte zu ordnen und zu präzisieren.

In diesem Beitrag wird bewusst eine Reduzierung der Gesamtdiskussion über Wirkfaktoren vorgenommen, um auf einige zentrale Fragen der therapeutischen Beziehung und der Emotionen aus verschiedenen Perspektiven neu zuzugehen. Dabei werden auch gelegentlich Zitate angeführt, die eine bildhafte und manchmal poetische Kraft in ihren Interpretationen besonders anschaulich nutzen. Dieses bruchstückhafte Zusammensetzen, das jedoch nicht zu einer Ganzfigur führen kann, erfordert kein Lesen in festgelegter Reihenfolge. Jeder Abschnitt hat seine ganz spezifische Sicht und kann durch weitere ergänzt werden.

Insgesamt bin ich überzeugt, dass eine vertiefte, aber immer wieder aktuelle Auseinandersetzung mit den vielen Facetten der Wirkfaktoren hilft, Kompetenz und Effektivität in der psychotherapeutischen Behandlung zu verbessern. So hat auch die Fortsetzung einer alten Fallgeschichte im 5. Kapitel ihren Platz gefunden.

Fast schon traditionell hat Dr. Olaf Rippe auch diese Arbeit differenziert begleitet. Dafür meinen herzlichen Dank.

Bremen, Oktober 2015

1 Wirkfaktoren – die Perspektive setzt den Schwerpunkt

Es gibt zahlreiche Arbeiten über dieses Thema, einige haben sich nachdrücklich bei mir verankert. Ich beginne mit zwei Beispielen aus dem psychotherapeutischen Umfeld der Psychoanalyse, zu den Patienten- und den Therapeutenvariablen. Zum dritten Schwerpunkt – der psychotherapeutischen Interaktion – zitiere ich zunächst die klassische Psychoanalyse, dann die psychoanalytischen Verfahren aus der Sicht der Psychotherapierichtlinien.

Im Bereich der klientenzentrierten Psychotherapie und des Focusing wird häufiger auf eine Untersuchung von Gendlin hingewiesen (z. B. von Cornell 1997, 13ff.), die ich nur in verschiedenen Zusammenfassungen kenne, die aber m. E. deshalb erwähnenswert ist, weil der langjährige Trend eher in die Richtung geht, dass der Therapeut der entscheidende Wirkfaktor ist. In dieser Untersuchung hingegen ist es der Patient mit seinen eigenen Möglichkeiten. Die Untersuchung selbst wurde in den frühen sechziger Jahren durchgeführt und trug dazu bei, dass die Selbsthilfetechnik „Focusing" bis heute ein relativ breites Interesse findet.

Gendlin und seine Mitarbeiter werteten einige hundert Tonbänder aus. Der gesamte Therapieverlauf war aufgenommen worden. Nach der Therapie wurden die Patienten und die Therapeuten gebeten, den Erfolg der Therapie zu bewerten. Auch psychologische Tests wurden eingesetzt. Wenn diese drei Ergebnisse positiv übereinstimmten, galten die Behandlungen als erfolgreich, die anderen waren nicht erfolgreich. Anschließend wurden beide Gruppen der Bänder verglichen. Unterschiede im Therapeutenverhalten wurden nicht entdeckt, allerdings gravierende Auffälligkeiten bei den Patienten. Diese zeigten sich im ersten oder zweiten Gespräch, und bereits danach war es möglich, den Therapieerfolg einzuschätzen.

Was hörten die Wissenschaftler auf diesen Bändern, das ihnen die Vorhersage eines erfolgreichen Therapieverlaufs erlaubte? Sie hörten Folgendes: An irgendeiner Stelle in der Sitzung v e r l a n g s a m t e n die Klienten i h r Sprechtempo, drückten sich weniger klar aus und begannen, nach Worten zu suchen, um zu beschreiben, was sie gerade spürten. Auf den Bändern hörte sich das etwa so an: „Hmmm. Wie soll ich das beschreiben? Es sitzt so hier. Es ist ... hmm ... es ... nicht richtig Wut ... hmmm". Oft erwähnten die Klienten, dass sie dieses Gefühl an einer bestimmten Stelle im Körper spürten, zum Beispiel: „Es ist hier in der Brust", oder „Ich hab da dieses komische Gefühl im Bauch".

Die erfolgreichen Klienten hatten eine vage, schwer zu beschreibende Körperempfindung, die sie während der Sitzung direkt wahrnahmen. Die erfolglosen Therapieklienten dagegen drückten sich die ganze Sitzung hindurch klar aus! Sie blieben „im Kopf". Sie spürten nicht in ihren Körper hinein, und sie hatten nie ein Gefühl, das zunächst schwer zu beschreiben war. (Cornell 1997, 13ff.)

Natürlich könnte es sein, dass die Forscher genau die Ergebnisse erzielten, die auch ihren Erwartungen entsprachen, das soll ja auch bei anderen Untersuchungen vorkommen. Aber der Schwerpunkt der Beobachtung ist elementar wichtig und konsensusfähig zwischen den psychotherapeutischen Schulen vielleicht so zu überschreiben: Ein Patient steht in einem ständigen inneren Dialog mit seinen Gefühlen, seinen Phantasien und seinem Körperselbst. Welche Möglichkeiten gibt es, diesen Dialog zu verbessern oder vielleicht überhaupt erst herzustellen und dann weiterzuentwickeln?

Jetzt zum zweiten Punkt: den Therapeutenvariablen. Yalom (1989, S.13) gibt die folgende Illustration einer wirksamen therapeutischen Beziehung:

Vor vielen Jahren meldeten sich einige Freunde und ich zu einem Kochkurs an, der von einer armenischen Matrone und ihrem betagten Diener gegeben wurde. Da sie kein Englisch sprach und wir kein Armenisch, war die Unterhaltung nicht einfach. Sie lehrte durch Demonstration; wir schauten zu (und versuchten fleißig, ihre Rezepte nach Maßeinheiten zu verstehen), während sie eine Reihe wunderbarer Auberginen und Lammgerichte zubereitete. Aber unsere Rezepte waren unvollkommen, und so sehr wir uns auch bemühten, wir konnten ihre Gerichte nicht nachahmen „Was war es?" fragte ich mich, „das ihrer Kochkunst dieses besondere Etwas gab?" Die Antwort entzog sich mir, bis ich eines Tages, als ich besonders aufmerksam das beobachtete, was in der Küche vor sich ging, unsere Lehrerin mit großer Würde und Überlegtheit ein Mahl zubereiten sah. Sie übergab es ihrem Diener, der es wortlos in die Küche zum Ofen trug und ohne zu zögern eine Handvoll ausgewählter Gewürze und Zutaten nach der anderen hineinwarf. Ich bin überzeugt, dass jene heimlichen „Zugaben" den ganzen Unterschied ausmachten. An diesen Kochkurs erinnere ich mich, wenn ich über Psychotherapie nachdenke, besonders wenn ich an die entscheidenden Zutaten erfolgreicher Therapie denke.

Yalom versucht in einem gut 600-seitigen Buch über „Existentielle Psychotherapie" diese komplexe Frage nach den Wirkfaktoren zu beantworten und kommt zu interessanten Anregungen. Er geht – stark verkürzt – davon aus, dass jede psychische Erkrankung in ihrer tiefsten Dimension, in individueller Weise, mit den „vier letzten Dingen" – Sinnlosigkeit, Isolation, Freiheit und Tod – zu tun hat und dass ein Therapeut sich diesen Fragen stellen muss. Im Sprachgebrauch der psychoanalytischen Selbstpsychologie ist diese Position – bezogen auf das Selbst des Therapeuten – etwa so formuliert: Der Patient bekommt Sicherheit, indem er sich auf jemanden beziehen kann, der sich nicht so sehr davor fürchtet, immer wieder zu versuchen, sich auf sich selbst zu beziehen, gerade hinsichtlich der „vier letzten Dinge". Gemeint ist die Empathie sich selbst gegenüber, auch dem eigenen Sosein als Analytiker, als Vorbild für den Patienten, dass er weniger abspalten, verleugnen oder verdrängen muss. Andere Schulen benennen meist mehrere spezifische Zugaben bzw. zentrale Wirkfaktoren wie „Empathie", „therapeutische Intensität", „Humor", „Wertschätzung", „Glaubwürdigkeit", „transparente Veränderungsabsicht und -erwartung" oder auch verschiedene ethische Essentials wie „Abstinenz", „Verlässlichkeit", „Arbeit am Narzissmus" usf. Die Liste ist sehr lang.

Nun zum dritten Punkt: Die Variablen der psychotherapeutischen Interaktion umfassen eine Vielzahl von ganz unterschiedlichen Konzepten, wie z. B. Übertragung, Gegenübertragung, szenisches Verstehen, Containing usw. Dieses grundlegende Beziehungs- und Technikverständnis variiert zwischen den verschiedenen psychoanalytischen Schulen und ist auch abhängig von den unterschiedlichen Perspektiven z. B. hochfrequenter Langzeittherapie gegenüber tiefenpsychologisch fundierter Psychotherapie.

2 Psychoanalytische Konzepte in der analytischen und tiefenpsychologisch fundierten Psychotherapie

Die wenig bewusst strukturierten Assoziationen und Träume des Patienten sind von unbewussten Wünschen und Ängsten gesteuert, die sich im Therapieprozess zu strukturieren beginnen.

Die Wirkvorstellung der Psychoanalyse lässt sich zunächst wie folgt beschreiben:

Der Analysand ‚überträgt' dabei seine frühkindlichen und späteren Erfahrungen, Erlebnisweisen, Verhaltensmuster, Gefühle und Affekte auf den Analytiker, dessen Aufgabe es ist, diesen Vorgang deutlich zu machen, zu ‚deuten'.

Das analytische ‚Setting' gibt dem Analytiker die Chance, seinem Analysanden durch die Deutungen nicht nur intellektuelle Einsichten über unbewußte Konflikte zu vermitteln – was ein Lehrbuch vielleicht besser und exakter könnte –, sondern ihm in einem selbst erlebten ‚Experiment' die bis dahin unbewußt gehaltenen Konfliktzusammenhänge emotional zugänglich zu machen. Dadurch allein können sie vom Analysanden als etwas Eigenes gefühlt und akzeptiert werden. Die Deutungen stellen dabei die Verbindung her zwischen dem, was in der analytischen Beziehung geschieht, und dem, was in frühkindlichen Beziehungen geschehen ist und seitdem unerkannt alle mitmenschlichen Beziehungen gestört oder zerstört hatte: In der idealen Deutung konvergieren infantile, aktuelle und Übertragungs-Situation. (Muck 1974, S. 38f.)

An dieser Stelle könnte bereits die umfangreiche und folgenschwere Diskussion beginnen, ob eine regressionsintensive hochfrequente Langzeittherapie (die analytische Psychotherapie der Richtlinien) und die Bearbeitung der unbewusst konflikthaften Motivation die bevorzugte Indikation sein sollte? Oder könnte es sinnvoller sein, zeitweise oder überhaupt schwerpunktmäßig die Defizite und Möglichkeiten der „Ichstruktur", die bewusste Motivation, den Willen, die Werteorientierung, die Ziele in den Mittelpunkt zu stellen. Diese besondere Beziehung zur Effektivität und Kompetenz des Patienten kann als therapeutische Notwendigkeit gesehen werden, aber auch als ein therapeutisches Agieren, das ein sinnverstehendes Durcharbeiten behindert (Diskutiert und eindeutig im Sinne der Kompetenzen entschieden z. B. bei Fürstenau 2001). Ich denke, dass die Art des Zugangs zum Thema Wirkfaktoren auch den Autor in seinen Präferenzen deutlich erkennbar macht als psychoanalytisch verbundenen, aber primär lösungsorientierten Psychotherapeuten.

In dieser Veränderungsperspektive werden die gängigen Konzepte Konflikt, Struktur und Trauma von Beginn an genutzt, um eine Therapieplanung zu entwickeln, in der – wenn es möglich ist – die Autonomie, Effektivität und Kompetenz des Patienten gefördert wird. Die Dimensionen Krankheitsentwicklung, Indikation und Therapietechnik hätten dann die im Folgenden behandelten Differenzierungen (in einer kurzen Übersicht auch zusammengefasst von Rippe 2013, gedanklich verbunden mit einer Reihe verschiedener Autoren wie Basch, Fürstenau, Hoffmann, Rudolf, Wöller und Kruse usf.).

2.1 Krankheitsentstehung

2.1.1 Krankheitsentstehung – intrapsychischer Konflikt (Beispiel 1)

Frau D. (35 Jahre, Fotografin) wendet sich an eine psychotherapeutische Ambulanz, weil sie sehr unter heftigen, anfallsartigen Kopfschmerzen leidet. Die Symptomatik besteht seit 10 Monaten, die üblichen Untersuchungen waren ohne Befund. Der erste Anfall geschah nach einem Besuch der Patientin bei ihrem drei Jahre älteren Bruder, einem sehr erfolgreichen Geschäftsmann, der bereits in der Kindheit wegen seiner Tüchtigkeit sehr viel positive Resonanz von beiden Eltern bekam, ohne dass die auch immer recht gut aufgestellte Patientin bewusst besonders darunter gelitten hat. Sie war mit ihrem bisherigen Leben ganz zufrieden, auch mit ihrer Partnerschaft und den zwei Kindern, aber jetzt dieses Symptom. Zur Auslösung ließ sich weiter präzisieren, dass der Bruder sich eine von der Patientin zu bearbeitende Fotografie zum Geburtstag gewünscht hatte. Die Patientin war darauf gerne eingegangen und hatte ihm ihr Werk zugeschickt. Bei dem nächsten, dann wohl symptomauslösenden Besuch hatte die Patientin „vergessen" nach dem Foto zu fragen, der Bruder hatte nichts erwähnt und das Foto hing nirgends im Haus, wie es eigentlich geplant war.

Kommentar: Eine unerwartete Kränkung durch eine wichtige Beziehungsperson löst wohl eine heftige Flut von Versagensangst und Wut aus. Im psychischen Erleben ist kein Raum für diese Gefühle, die körperliche Verarbeitung muss einspringen. Das Überich kann die Aggression nicht aushalten.

Eine wichtige Besonderheit der intrapsychischen Konflikte ist, dass sie sowohl zwischen den Instanzen als auch innerhalb einer Instanz stattfinden können. Im angeführten Beispiel kann man sowohl einen Konflikt zwischen Es und Überich annehmen (Aggression ist verboten) als auch einen Konflikt im Es (zwischen Liebe und Hass). Auch in der Instanz Überich bzw. Ichideal gibt es häufig unbewusste Konflikte (z. B. zwischen dem Druck, erfolgreich zu sein, nicht nur im Beruf, sondern gleichzeitig auch als in sich ruhende Mutter und als strahlende Partnerin).

2.1.2 *Krankheitsentstehung – Struktur (Beispiel 2)*

Herr W. (58 Jahre, angestellter Kaufmann in der Immobilienbranche) kommt schwer bepackt mit zwei Ordnern und einer Umhängetasche 15 Minuten verspätet, wegen der Straßenbauarbeiten sei er mit dem Fahrrad unterwegs und habe dann die Praxis nicht gefunden. Außerdem wisse er gar nicht, was er eigentlich bei einem Psychotherapeuten solle. Die Depressionen seien zwar immer schlimmer geworden, darüber brauche er auch gar nicht sprechen, das könne man ihm ansehen und „dann weiß man Bescheid. So ist das eben, lebenslang. Der alte Hausarzt, der kannte sich aus, „zack" hat er die Medikamente verschrieben, manchmal auch ein anderes, oder hat die Dosis geändert, aber alles o. k." Der neue Hausarzt – Herr W. kommt langsam in Fahrt – „der fragt nach meiner Familie, nach meiner Arbeit". Herr W. wird jetzt immer wütender, springt auf und setzt sich wieder auf die äußerste Kante des Sessels. Dann wendet er sich an seinen Therapeuten und sagt voller Ablehnung: „Und jetzt sitze ich auch noch bei Ihnen, nur weil der Neue das wollte". An dieser Stelle beginnt der Therapeut Herrn W. behutsam zu fragen, warum ihn der alte Hausarzt beruhigt und ihn der neue irritiert.

Kommentar: Es geht um den Versuch, eine kooperative Objektbeziehung (Arbeitsbündnis) zu fördern. Gleichzeitig entsteht die Hypothese, dass Herr W. eine Idealbeziehung sucht, die ihn beruhigt und versorgt, wobei er die Enttäuschung auf ein anderes Objekt abspaltet. Zum Entwicklungshintergrund erfährt der Therapeut später in den probatorischen Sitzungen, dass Herr W. in einer Zwei-Mütter-Kindheit aufgewachsen ist, mit einer eher kühlen und rationalen Mutter und einer sehr weichen und warmen Großmutter.

Der Unterschied zwischen den Beispielen 1 und 2 liegt darin, dass im ersten Beispiel von einem mentalisierten aber unbewussten Konflikt ausgegangen wird. Auch die Strategie der Abwehr ist unbewusst. Im zweiten Beispiel wird eine Entwicklungsstörung deutlicher hervorgehoben, die zu einer Reduzierung der Emotionsdifferenzierung, der Regulierung, der Selbst- und Objektwahrnehmung führt. Ausgehend von dieser Unterscheidung werden verschiedene therapeutische Konsequenzen abgeleitet.

Mithilfe des Beispiels lassen sich auch zwei wesentliche unterschiedliche Strukturbegriffe definieren:

1. Die inhaltliche Struktur (narzisstisch, depressiv, hysterisch usf.) gibt Auskunft über die typische Art des Wahrnehmens und Erlebens eines Menschen und

ist auch sehr wichtig für die Einschätzung, wie ein Patient die Therapeutin oder den Therapeuten erlebt. Im Beispiel stehen Kränkung, Bedrohung und Wut wohl im Vordergrund.

2. Die formale bzw. funktionale Struktur versucht eine Einschätzung des Strukturniveaus auf folgenden Ebenen (Arbeitskreis OPD 2006, Hohage 2011):

- Wie differenziert ist die Affektivität und Selbstwahrnehmung?
- Wie ist die Qualität der Objektbeziehungen bzw. Objektwahrnehmungen?
- Wie steuert sich der Patient? Kann er sein Überich integrieren?
- Wie reguliert der Patient seine Beziehungen?
- Wie kommuniziert der Patient mit sich und mit anderen?
- Gibt es positive Bindungen an andere und an innere Objekte?
- Welche charakteristischen Abwehrformen gibt es?

Im Hinblick auf die Krankheitsentstehung nach der Strukturperspektive entsteht häufig der erste Eindruck „das war schon immer so". Sehr oft täuscht dieser Eindruck, da bei genauerer Überlegung Phasen unterschiedlicher Selbstzustände und Bewältigungsmuster deutlich werden, die eine wechselnde Stabilität des Patienten verstehbar machen. Hier liegen dann auch wertvolle Anhaltspunkte für eine mögliche Therapie.

2.1.3 Krankheitsentstehung – Traumafolgestörung

Hier sind mehrere Kombinationen möglich. Im Allgemeinen wird davon ausgegangen, dass die schweren Persönlichkeitsstörungen (insbesondere die Borderline-Persönlichkeitsstörung) in einem hohen Prozentsatz auch von Traumafolgen bestimmt sind. Beziehungs- und Bindungstraumatisierungen führen dann zu Strukturdefiziten, die sich als Störungen der Informationsverarbeitung und des Gedächtnisses zeigen. Das Trauma ist in der Gegenwart nicht mehr da, aber die affektive Überflutung und das Erinnern von Teilaspekten.

Andererseits kann eine Traumafolgestörung (z. B. nach einem schweren Verkehrsunfall) bei einer normalen Persönlichkeitsentwicklung auftreten. Dieser Patient könnte keine oder auch aktuell wirksame intrapsychischen Konflikte haben.

In den folgenden Abschnitten geht es um die Indikationsstellung, nach dem gleichen Schema: Konflikt, Struktur, Trauma.

2.2 Indikation

2.2.1 Indikation – intrapsychischer Konflikt

Ich gehe zurück zum Beispiel 1. Das Beispiel zeigt einen begrenzten intrapsychischen Konflikt, der aktuell wirksam ist. Es gibt keine berichteten weiteren Konflikte und Strukturauffälligkeiten. Anhaltspunkte dafür, dass der Patient eine regressive Entwicklung auf der Couch und die Aktualisierung der Übertragung benötigt, sind nicht offensichtlich. Eine Fokaltherapie wäre gut vorstellbar. Wenn die Indikationsstellung adaptiv nicht bestätigt wird, kann eine analytische Psychotherapie vorgeschlagen werden.

2.2.2 Indikation – Struktur

Ich gehe zurück zum Beispiel 2. Voraussetzung für die Indikationsstellung ist, ob der Therapeut die affektiven Besonderheiten dieses Patienten vertragen kann und ob sich eine positive Objektbeziehung in den Vorgesprächen herstellen lässt. Außerdem sollte das Therapieziel (realistisch) deutlich geklärt sein und eine inhaltliche Schwerpunktthematik angesprochen werden, z. B. zum Bereich Affektdifferenzierung und Affektregulierung, vielleicht besonders die Verarbeitung von Gefühlen bei Kränkung und Enttäuschung.

2.2.3 Indikation – Traumafolgestörung

Die Kombination der unter „Krankheitsentstehung" genannten Möglichkeiten bestimmt die Indikation und die Therapieplanung. Der Therapeut begründet jeweils die Zielsetzung des Therapieverfahrens.

- Traumatherapie bei Akuttraumatisierung und normaler Persönlichkeitsentwicklung und normalen intrapsychischen Konflikten
- Strukturbezogene Psychotherapie bei Persönlichkeitsstörungen, möglicherweise mit Einbeziehung von traumatherapeutischen Verfahren
- Eine geplante Bearbeitung intrapsychischer Konflikte soll besonders beachten, ob die aktuelle Ich-

Stärke des Patienten geeignet ist, von dieser Arbeit zu profitieren

2.3 Therapietechnik

2.3.1 Therapietechnik – intrapsychischer Konflikt

Bitte erinnern Sie sich an das erste Beispiel (die Fotografin): Unbewusster Konflikt – trifft auf Auslösung (Schlüssel-Schloss-Prinzip) – Abwehr gelingt nicht komplett – Angst – Regression – frühe Angst – Abwehr – Abwehr misslingt – Symptom.

In einer ersten (initialen) Indikation könnte man eine begrenzte Fokaltherapie beginnen. Wenn sich bei einer fortlaufenden Prüfung der (adaptiven) Indikation herausstellen würde, dass die Patientin auch andere krankheitswertige Konflikte hat oder unter strukturellen Besonderheiten und Einschränkungen leidet, könnte eine analytische Psychotherapie fortgesetzt werden. Diese wiederum setzt dann allerdings voraus, dass das Ich ausreichend stabil ist, um eine Fähigkeit der Regression überhaupt nutzen zu können.

Beide hier angesprochenen Wege – die Fokaltherapie als eine Untergruppe der tiefenpsychologisch fundierten Therapieverfahren und die analytische Psychotherapie – lassen sich in folgenden Schritten darstellen:

1. Aufbau einer Arbeitsbeziehung (Sicherheit und Halt, in beiden Verfahren gleich)
2. Auslösende Konfliktsituation erfassen (besonders in der Fokaltherapie)

3. Affekte (Angst) als Tor bzw. Einstieg in die therapeutische Arbeit nutzen (bei beiden Verfahren gleich)
4. Konfrontieren, Klären, Deuten, Durcharbeiten, Konstruktion (der Lebensgeschichte) / Betrauern (nach Greenson 1973);
Konfrontieren:
„Eine andere Idee ist ..." /
„Ich kann verstehen, dass ..., aber ..." /
„Man kann das so sehen, aber ..."
Klären:
„Erinnern Sie sich noch genau, wie ..." /
„Ich habe noch nicht ganz verstanden."
Deuten:
„Sie hatten vielleicht Sorge, dass ich ..." /
„Vielleicht war das unangenehm, als ich ..."

Diese drei Komponenten sind in beiden Verfahren vergleichbar, allerdings wird in den heutigen Empfehlungen zur Fokaltherapie überwiegend (d. h. nicht in allen Konzepten) vertreten, die Übertragung nicht zu sehr zu betonen, sondern mehr ein konstantes positives Arbeitsbündnis zu sichern. Fokussieren und Begrenztheit ermöglichen kein umfassendes Durcharbeiten in einer regressiven Übertragungsentwicklung und auch kein ausführliches Betrauern kindlich unerfüllbarer Wünsche.

2.3.2 Therapietechnik – Struktur

Bitte erinnern Sie sich an das zweite Beispiel (der alte und der neue Hausarzt): Das Ich (Es-Ich-Überich) hat ein Problem in der angemessenen Regulierung – kann keine Integration, keinen Ausgleich finden. Erhebliche klinische Auswirkungen sind z. B., sich selbst nicht richtig erleben und emotional verstehen zu können, sich von anderen abgeschnitten und verwickelt zu fühlen.

Rudolf (2004, z. B. S.195f) unterscheidet insgesamt sechs verschiedene Typen der strukturellen Störungen mit unterschiedlicher Gewichtung und ein darauf bezogenes therapeutisches Vorgehen. Die Logik der strukturellen Funktionen führt zu den folgenden Therapieschritten:

1. Aufbau einer Arbeitsbeziehung
2. Symptomauslösende Konstellation erfassen (meistens Stresszunahme, Überforderung, kein klares Schlüssel-Schloss-Prinzip)
3. Klären von Therapiezielen und Themenschwerpunkten
4. Absprache von Prioritäten, Treffen von Vereinbarungen
5. Arbeit an einer Nachentwicklung von Strukturdefiziten (z. B. der Affektregulierung bei überflutenden Ängsten oder der Gefühlsdifferenzierung bei Somatisierungsstörungen)
6. Bei einer Verbesserung der strukturellen Fähigkeiten ist eine Arbeit an den intrapsychischen Konflikten möglich

2.3.3 Therapietechnik – Traumafolgestörung

Zur Erinnerung: Bei den Punkten Krankheitsentstehung und Indikation wurde auf die Kombination verschiedener Bedingungen hingewiesen.

1. Ein Trauma (schwerer Verkehrsunfall, dadurch massive Ängste, getriggert durch kleine Auslöser, Distanzierung ist nicht möglich) kann bei einer normalen Persönlichkeitsentwicklung auftreten.
   Therapieschritte: Aufbau einer Arbeitsbeziehung, dann z. B. EMDR, imaginative Techniken, Bearbeitung der aktuellen und zukünftigen Lebensbedeutung
2. Trauma in einer gleichzeitig bestehenden Konfliktsituation.
   Therapieschritte: Zuerst Bearbeitung des Traumas, dann des Konflikts, da sonst die affektiven Überflutungen die Bearbeitung des Konfliktes behindern würden.
3. Trauma bei struktureller Pathologie. Hier treffen infantile Beziehungs- und Bindungstraumatisierung, Traumafolgestörung und strukturelle Defizite zusammen. Intrapsychische Konflikte können noch hinzukommen.

Therapieschritte:

- Aufbau einer Arbeitsbeziehung (Sicherheit, Halt, Stärkung der Bewältigungskompetenz)
- Strukturmodell (Selbstbeobachtung anleiten, mehrere Perspektiven lernen, Emotionsregulierung)
- Traumamodell (z. B. Ablenkungstechniken, imaginative Techniken)
- Konfliktbearbeitung

Die Perspektiven Konflikt, Struktur und Trauma setzen in der Therapie eine tragende Arbeitsbeziehung voraus. Weitere Beziehungskonzepte schließen sich an und gestalten die Art der therapeutischen Interventionen. Diese Zusammenhänge möchte ich jetzt etwas näher überlegen, vor allem deshalb, weil der als hilfreich erlebten therapeutischen Beziehung durchgängig ein hohes Veränderungspotential zugeschrieben wird.

3 Beziehungskonzept und Therapietechnik

In der psychoanalytisch-psychotherapeutischen Behandlungstheorie, z. B. in der Übersicht von Finke (1999), werden vier Beziehungsformen unterschieden, die zentrale Dimensionen der Behandlungspraxis beschreiben:

1. Die Arbeitsbeziehung als Basis der anderen drei Beziehungsformen.
2. Die Alter-Ego-Beziehung, in der der Therapeut die Sichtweise des Patienten übernimmt.
3. Die Übertragungsbeziehung, die der Therapeut als unbewusst auf ihn gerichtete Erwartung zu verstehen und zu deuten sucht.
4. Die Dialog-Beziehung, in der der Therapeut dem Patienten (auch selektiv) antwortet.

Dieser Unterscheidung folge ich in einer kurzen Zusammenfassung.

3.1 Die Arbeitsbeziehung

Dieses Konzept lässt sich in drei Schwerpunkte aufteilen:

3.1.1 Das Arbeitsbündnis
3.1.2 Die fördernde und stützende Haltung
3.1.3 Die beobachtende und objektivierende Haltung

Die genannten Beziehungsformen werden nacheinander kurz skizziert.

3.1.1 Das Arbeitsbündnis

Nach Greenson (1973) erfasst das Arbeitsbündnis die bewussten Ichanteile des Patienten, mit denen sich der Therapeut verbündet und die im Interesse der Fortführung der gemeinsamen Arbeit Kränkungen und Ängste in Kauf nehmen. Über das Wechselspiel dieser Kräfte schreibt Freud die folgende Kurzfassung:

Auf der Seite des Patienten wirken für uns einige rationelle Momente wie das durch sein Leiden motivierte Bedürfnis nach Genesung und das intellektuelle Interesse, das wir bei ihm für die Lehren und Enthüllungen der Psychoanalyse wecken konnten, mit weit stärkeren Kräften aber die positive Übertragung, der Verdrängungswiderstand des Ichs, d. h., seine Unlust, sich der ihm aufgetragenen schweren Arbeit auszusetzen, das Schuldgefühl aus dem Verhältnis zum Über-Ich und das Krankheitsbedürfnis aus tief greifenden Veränderungen seiner Triebökonomie. Dabei kommt der positiven Übertragung besondere Bedeutung zu, da die Zuneigung, die der Patient dem Analytiker gegenüber empfindet, die Tendenzen unterstützt, die angebotenen Interpretationen kritisch aber wohlwollend zu überprüfen. (Freud 1938, S.420)

3.1.2 Die fördernde und stützende Haltung

Auch das Setting der hoch frequenten klassischen Analyse enthält eine Reihe von Halt gebenden Anteilen wie Engagement, Zuverlässigkeit, zeitliche Ordnung und – je nach Sprachgebrauch – einiges andere mehr. Einige Beispiele aus verschiedenen psychotherapeutisch-psychoanalytischen Schulen sind: Anteil nehmende Bestätigung und verstehende Zustimmung (Dührssen), hilfreiche Beziehung (Luborsky), eine Haltung des Respekts, des Interesses und der aktiven und bejahenden Zuwendung (Strupp u. Binder). Auch die Konzepte der „diatrophischen Haltung" von Spitz, der „holding function" von Winnicott und des „containing" von Bion können als Mischung aus bejahender Grundhaltung und Förderung der Bewältigungskompetenz verstanden werden (zitiert nach Finke 1999).

Ein altes Zitat von Bibring fasst diese Position zusammen:

[...] nach meiner Ansicht sind die Haltung des Analytikers und die analytische Atmosphäre, die er schafft, im Grunde eine Korrektur der Realität, die die Ängste des Patienten, in Bezug auf Liebesverlust und Strafe, deren Ursprung in der Kindheit liegt, wieder zurecht rückt. Selbst wenn diese Ängste später analytisch aufgelöst werden, glaube ich dennoch, dass die Beziehung des Patienten zum Analytiker, von der ein Gefühl der Geborgenheit ausgeht, nicht nur eine mittelbare (abgesehen von einer analytischen) Konsolidierung des Geborgenheitsgefühls beim Patienten bewirkt, eines Gefühls, dass er in der Kindheit nicht erfolgreich erworben oder konsolidiert hat. Eine solche unmittelbare Konsolidierung – die an sich außerhalb des Bereiches der analytischen Therapie liegt – ist natürlich nur von dauerndem Wert, wenn sie das koordinierte Wirken der analytischen Behandlung begleitet (Bibring, 1937, S. 182f.).

Die erste Aufgabe eines psychoanalytischen Psychotherapeuten liegt demnach darin, Einstellungen und Verhaltensweisen zu zeigen, die eine „Modulation der Angst" bewirken. Erst dann kann ein Patient seine Gefühle, seine Konflikte mit seinem Bewusstsein erfassen und prüfen.

3.1.3 Die beobachtende und objektivierende Haltung

Gegenüber den primärprozesshaften Abläufen geht es hier um die Position des distanzierten Beobachters. Greenson (1973) unterscheidet fünf Schritte therapeutischer Interventionen
(siehe Abschnitt 2.3.1).

- Konfrontation
- Klärung
- Deutung
- Durcharbeiten
- Konstruktion (der Lebensgeschichte) / Betrauern

Die Deutung als zentrale Ebene aller psychoanalytischen Therapieformen versucht den unbewussten Sinn, die unbewusste Quelle, Vorgeschichte usf. eines bestimmten psychischen Ereignisses bewusst zu machen. Beim Durcharbeiten geht es insbesondere um die Widerstände, die verhindern, dass eine Einsicht zu Veränderungen führt. Die Konstruktion erfasst in erster Linie die subjektive Wirklichkeit der biografischen Rekonstruktion und das Betrauern der kindlich unerfüllbaren Wünsche.

Eine ähnliche Hierarchie der Interventionstiefe findet sich in der Dass-Wie-Warum-Was-Regel von Fenichel (1941). Hoffmann (2008, S. 47) schreibt darüber:

Dem Patienten wird zuerst vermittelt, dass er abwehrt (Konfrontation), dann erfolgt die Aufklärung über das Wie (Konfrontation und Klärung), dann erst geht es in der Therapie um die Frage des Warum (Klärung, teilweise Deutung; oft ist hier die Vermeidung von Angst das zentrale Thema), und erst am Ende der Sequenz ist die Einführung des unbewussten Was zu sehen (Deutung mit Bezug auf verdrängte unbewusste Affekte, Wünsche, Impulse, Triebe). Üblicherweise wird in der zeitbegrenzten Behandlung mit den ersten drei Stufen der Regel gearbeitet. Deutungen sind ein mögliches Kann, aber kein dringliches Muss – ihr Gebrauch „vertieft" den Behandlungsprozess und bedarf deshalb besonderer Reflexion.

Diese bezieht sich z. B. auf das regressive und unbewusste Bedeutungsspektrum des Liegens auf der Couch oder der Unterbrechung des optischen Kontakts zwischen Patient und Therapeut. Vogt (2002, S. 20f.) benennt einige immer wieder auftauchende Bezüge des Liegens zu Mutterleibsphantasien, Hingabe, Weiblichkeit, Ausgeliefertheit, Unterlegenheit usf. Zum fehlenden Blickkontakt nennt er u. a. die folgenden Bedeutungen: Trennung, Einsamkeit auf Seiten des Patienten und die Dominanz der Erwachsenen-Kind-Asymmetrie des Sitzens mit der Bedeutung der Macht, der Kontrolle und Männlichkeit.

3.2 Die Alter-Ego-Beziehung

Die Alter-Ego-Beziehung taucht verschiedentlich in den freudschen Schriften auf, ohne so benannt zu werden. Bekannt ist die Metapher des Spiegels, die vorgibt, dass der Analytiker nur das zeigen soll, was ihm gezeigt wird. Hier wird der Therapeut zum „anderen Selbst" des Patienten, ob das Zentrum der Beobachtung mehr in der Intuition, der Empathie oder der Außenwahrnehmung liegt, bleibt jedoch häufig etwas unklar. Spitzfindige Interpreten haben herausgearbeitet, dass auch Kohut – den man als Vater der Alter-Ego-Beziehung bezeichnen könnte – nicht immer eindeutig zwischen dem Selbst der Empathie und dem Selbst der externen Beobachtung unterschieden hat. Jedenfalls lässt sich sagen, dass eine konsequente Nutzung der empathischen Perspektive den Schwerpunkt setzt auf eine Reaktivierung arretierter Entwicklungsbedürfnisse. Auch andere zentrale Konzepte der Psychoanalyse heute (Containing, projektive Identifikation, Enactment) enthalten wesentliche Elemente der Alter-Ego-Beziehung, jeweils in der Form, dass der Therapeut das zunächst Unverstandene als eigene, in ihm selbst vorhandene Möglichkeit versteht. In der technischen Vorgehensweise kann der Therapeut auch die Markierungen (Signale) eines Patienten nutzen, um eine schrittweise Vertiefung einzelner Themen zu ermöglichen.

3.3 Die Übertragungsbeziehung

Ausgangspunkt ist das frühe psychoanalytische Übertragungskonzept in der Auffassung von Greenson (1973, S.163):

Als Übertragung bezeichnen wir eine besondere Art der Beziehung zu einer Person; sie ist ein besonderer Typus von Objektbeziehung. Das Hauptmerkmal ist ein Erleben von Gefühlen einer Person gegenüber, die zu dieser Person gar nicht passen und die sich in Wirklichkeit auf eine andere Person beziehen. Im Wesentlichen wird auf eine Person in der Gegenwart reagiert, als sei sie eine Person in der Vergangenheit. Übertragung ist eine Wiederholung, eine Neuauflage einer alten Objektbeziehung.

Im heutigen interaktionellen Verständnis verschränkt sich die Übertragung mit verschiedenen anderen Aspekten der Patienten-Therapeuten-Interaktion (Gegenübertragung, persönliche Eigenheiten des Therapeuten). Diese Zusammensetzung soll besonders beachtet werden.

3.4 Die Dialog-Beziehung

G. Rudolf (hier zitiert n. Hoffmann 2008, S. 44) hat für seine „Strukturbezogene Therapie" die therapeutische Haltung so formuliert, dass sich der Therapeut hinter den Patienten (d. h. stützend), neben ihn (begleitend) und ihm gegenüber (konfrontierend) stellen könne. Die Dialog-Beziehung ähnelt am ehesten dem drittgenannten (konfrontierenden) Typus. Von daher ist diese Beziehungsform zunächst am weitesten entfernt von dem Konzept einer klassischen Übertragungsanalyse zu sehen, in der eine möglichst freie Entfaltung der Übertragung nicht eingeschränkt werden sollte.

Im Hinblick auf das Thema „Wirkfaktoren" gibt es also ein umfassendes Angebot, verschiedene Perspektiven und Interpretationen näher zu untersuchen. Als notwendige Begrenzung der weiteren Überlegungen habe ich mich entschieden, die „Emotionen" in den Mittelpunkt zu stellen, insbesondere die Gefühle, die mit dem Großthema „Aggression" in Verbindung stehen (ich gebrauche die Begriffe Emotion und Gefühl synonym).

4 Emotionen und Psychoanalyse

Jeder weiß aus der persönlichen Erfahrung, was Gefühle sind, z. B. Angst, Traurigkeit oder Ärger. Geht es jedoch um eine Beschreibung oder auch um eine objektivierende Darstellung, taucht schnell eine Ratlosigkeit oder sogar Ungeduld auf. Unterschiedliche Differenzierungen werden bemüht, die subjektive Erfahrung, die Verbindung zu kognitiven und zu körperlichen Aspekten, die expressive Seite. Diese komplexen Prozesse sind bisher in einer umfassenden Theorie nicht vollständig erfasst. Von daher sind viele an Emotionen Interessierte – auch unter den Psychotherapeuten – weiterhin mit sehr unterschiedlichen Konzepten unterwegs, um die Erfahrungen, mit sich selbst und mit anderen, sinngebend zu ordnen und zu reflektieren. Einerseits ist dabei anzuerkennen, dass es keine isolierten Gefühle, Gedanken, Motivationen, Wahrnehmungen usf. gibt, andererseits können z. B. Gefühle und Gefühlsmuster durchaus abgegrenzt betrachtet werden und zu partiellen Schwerpunkten und gedanklichen Reflexionen führen. Ich möchte dies, nach einem ersten allgemeineren Zugang, in den folgenden Kapiteln für die erlebte Aggression – die Gefühle von Ärger, Wut, Zorn und Hass – versuchen und die zentrale klinische Bedeutung erfassen, die insbesondere für diese Gefühle zutrifft.

Wie schon bei einigen einleitenden Zitaten über die Wirkfaktoren beginne ich mit einer poetischen Definition der Gefühle (Rudolf 2004, S.25):

Vielleicht helfen dort, wo sich die Wissenschaftler schwer tun, die Philosophen weiter. H. Schmitz (2000) äußert dazu:
Gefühle sind räumliche, ortlos ergossene, leiblich ergreifende Atmosphären, vergleichbar dem Wetter und der reißenden Schwere, wenn man ausgeglitten ist und entweder schon stürzt oder sich gerade noch fängt: Also solchen in den spürbaren Leib eingreifenden Mächten, die nicht selbst leibliche Regungen sind, aber nur am eigenen Leib, wenn auch manchmal als Widersacher gespürt werden. Ebenso werden Gefühle nur im eigenen leiblichen Spüren als ergreifende Mächte wirksam, aber allerdings kann man sie als Atmosphären darüber hinaus oft auch in der Umgebung wahrnehmen.

Für die psychoanalytische Perspektive lässt sich sagen, dass Freud die emotionstheoretischen Konzepte seiner Zeit zur Kenntnis genommen, sich in der ersten Phase der Entwicklung seines eigenen Ansatzes auch darauf bezogen hat, dann jedoch ein basales dualistisches Triebkonzept (Libido und Aggression) bevorzugte. Liebe und Hass werden zu den affektiven Bausteinen der Triebe, eine Position, die sowohl viel diskutiert als auch zunehmend erweitert wurde (siehe z. B. Müller-Pozzi 1991 oder Deneke 1999, 2001). Hinzu kam – verstärkt in den siebziger Jahren – eine sich entwickelnde Auseinandersetzung mit einzelnen Emotionen (siehe z. B. Wurmser und Kernberg).

Auch andere psychologische und psychotherapeutische Schulen haben sich verstärkt mit dem Thema Emotionen beschäftigt, sodass ich an dieser Stelle gerne eine kurze Übersicht über einige Grundkonzepte einschieben möchte, die m. E. in allen Erfahrungsbeständen auftauchen, dort aber sprachlich unterschiedlich erfasst sind.

4.1 Emotionen in der psychotherapeutischen Praxis

Von besonderer Bedeutung sind m. E. eine Reihe wichtiger Unterscheidungen. Eine primäre Emotion ist die erste spontane Reaktion, die in einer Reizsituation auftritt. Sie wird häufig überdeckt durch eine s e - k u n d ä r e Emotion, die (im ersten Anlauf) akzeptabler erscheint. (Die Bezeichnungen „primär" und „sekundär" gehen auf Greenberg zurück) Dieser Vorgang ist – wenn man gezielt darauf achtet – der eigenen Selbstwahrnehmung gut zugänglich. So ist z. B. eine gängige Erfahrung, dass man in der sekundären Emotion ärgerlich ist, aber bei einer Vertiefung bemerkt, dass als primäre Emotion Angst vorausgegangen ist.

Primäre Gefühle (an der Basis jeder psychischen Erkrankung) sind z. B. hilflose Wut, starke Schamgefühle, stabiles Unwertgefühl. Sie werden überlagert von den sekundären Gefühlen, die die primären schützend und isolierend bewahren sollen – dem bewussten Zugriff entzogen, weil sie zu schmerzhaft und beschämend sind. Dieser Aspekt ist sehr wichtig für die psychotherapeutische Praxis. Folgende Punkte sind zu beachten:

Die sekundären Gefühle – also die Gefühle, die das Schlimmste einhüllen – müssen akzeptiert werden in ihrer Schutzfunktion. Die therapeutische Arbeit beginnt deshalb immer bei den sekundären Gefühlen. Sind diese sicher akzeptiert, wird schrittweise und taktvoll-vorsichtig versucht, einige primäre Gefühle zu erreichen.

Primäre Gefühle können sowohl m a l a d a p t i v als auch a d a p t i v sein. Eine adaptive Emotion ist der Auslösersituation angemessen (z. B. Angst in einer riskanten Verkehrslage), eine maladaptive Emotion ist unangemessen (z. B. starke Beschämung bei einer leichten und zutreffenden Kritik). Emotionsorientierte Ansätze in den verschiedenen Therapieformen empfehlen jeweils unterschiedliche therapeutische Techniken, um adaptive Gefühle sensibler zu akzeptieren und maladaptive umzuwandeln (siehe z. B. Lammers 2011).

I n s t r u m e n t e l l e Emotionen unterscheiden sich von adaptiven und maladaptiven Emotionen dadurch, dass sie manipulativ und strategisch eingesetzt werden. Ist dieser Vorgang nicht reflektierbar, ist ein heilloses Durcheinander unausweichlich (z. B. bei starker Angst, die aber vorrangig Sympathien sichern soll).

Zu den wichtigsten Differenzierungen gehört auch, dass es selten völlig eindeutige Gefühle gibt, meistens sind sie gemischt. Eine in der Psychotherapie zentrale Rolle spielt eine Gefühlsgruppe, die als Enttäuschung bezeichnet werden kann, eine Mischung aus Trauer-Angst-Wut und Beschämung. In der psychotherapeutischen Praxis ist es häufig wichtig zu klären, welche der vier Gefühle jeweils gemeint sind, oder ob eine weitere Differenzierung sinnvoll ist. Dies kann sich z. B. auf den Begriff „Hass" beziehen.

Auch eine weitere Differenzierung hat besondere Bedeutung. Es ist nicht nur wichtig, zwischen den verschiedenen Gefühlen zu unterscheiden, sondern auch die Intensitätsdynamik der Gefühle zu beachten (den sogenannten Vitalitätsaffekt). Der Patient z. B., der von einem Angstanfall berichtet, spürt vielleicht noch ein bisschen die Angst in sich, möchte aber möglicherweise im J e t z t - A u g e n b l i c k des Erzählens mehr in seiner resignierten Enttäuschung verstanden werden. Diese fehlende Energie könnte stärker wirksam sein.

In der Paxisperspektive zu Beginn einer Therapie wird häufig die Angstthematik besonders beachtet. Die Angst gilt als Eingangspforte in alle weiteren Stationen eines Therapieprozesses, sie eröffnet den Zugang zur Empathie und zum Arbeitsbündnis.
Die psychoanalytischen Angstkonzepte sind:
1. Die Trennungsangst – Hinweise auf Verlassenheit, Einsamkeit, Liebesverlust.
2. Die Kastrationsangst – Hinweise auf Verletzung, physische Beschädigung, Bedrohung der Potenz und des Könnens.
3. Die Schuldangst – Hinweise auf Kritik, Verurteilung, Bedrohung durch Schuldgefühle.
4. Die Beschämungsangst – Hinweise auf Lächerlichkeit, Kränkung, Scham, Erniedrigung.
5. Die Todesangst – neben der existentiellen Komponente, Hinweise auf Bedrohung und Vernichtung, häufig eine Variante der Trennungsangst

und der Zerstörung des Selbst durch das Schuldgefühl.
6. Die diffuse Angst – Hinweise auf Überschwemmung durch frei flottierende, nicht näher gebundene Angst.

Die psychoanalytischen Theorien gehen davon aus, dass die erlebte Angst symbolisch eine innerpsychische Angst darstellen kann, die dem Betroffenen nicht bewusst ist. Diese Intoleranz gegenüber der inneren Angst wird darauf zurückgeführt, dass es eine Gewissheit gibt, dass das innere Gefühl sich in Panik verwandeln wird. Dieser Zustand der vollständigen Unfähigkeit wird mit allen Mitteln abgewehrt – auch mit emotionaler Anästhesie oder Dissoziation.

Eine weitere zentrale Schaltstelle der Emotionsdifferenzierung ist das Muster von Ärger, Wut, Zorn und Hass. Diese Gefühlsgruppe ist die einzige, die zum Rückzug oder aber zur Aktivität führen kann (die Abneigung mit dem Potential des Z u g e h e n s). Von daher wird häufig ein enger Zusammenhang zwischen diesen Gefühlen und Entwicklungs- und Veränderungsprozessen hergestellt.

Zunächst sind also die genannten Ärgergefühle sinnvolle und hilfreiche Gefühle, da sie verdeutlichen, dass wichtige Bedürfnisse (Bindung, Selbstwert z. B.) bedroht werden. Positive Konsequenzen können erwogen oder umgesetzt werden. Negativ ist –neben dem begrenzten aber stabilen Symptom – die chronische Unterdrückung (Übersteuerung) oder die unangemessene Intensität (Untersteuerung).

Psychotherapeutische Perspektiven sind demnach die Akzeptanz und Integration dieser vorher unterdrückten Gefühle oder die Akzeptanz und Verbesserung der Bewältigungstechniken bei einer drohenden Überflutung.

Bei den Überlegungen zur erlebten Aggression in Form von Ärger, Wut, Zorn und Hass kann die progressive Seite besonders beachtet werden, da sie im Erleben ein Energiepotential in sich trägt, das nicht nur zu einer Abwendung, sondern auch zu einem gerichteten Herangehen führen kann. Als erste Beschreibung dieser Bewegung zitiere ich C. G. Jung (in einem Buch von Giegerich 1999, S.39-41).

4.2 Das Wesen einer Neurose

Neben vielen von Giegerich diskutierten Gesichtspunkten geht es hier um die eindrucksvolle Darstellung Jungs, in der das Verschwinden und das Wiederauftauchen der Aggression und des Herangehens veranschaulicht werden kann.

Das zwölfte Jahr wurde für mich zum eigentlichen Schicksalsjahr. Einmal, im Frühsommer 1887, stand ich nach der Schule um zwölf Uhr auf dem Münsterplatz und wartete auf einen Kameraden, mit dem ich einen gemeinsamen Schulweg hatte. Plötzlich erhielt ich von einem der anderen Jungen einen Stoß, der mich umwarf. Ich fiel mit dem Kopf auf den Randstein des Trottoirs, und die Erschütterung benebelte mich. Während einer halben Stunde war ich ein bisschen benommen. Im Moment des Aufschlages durchschoss mich blitzartig der Gedanke: Jetzt musst du nicht mehr in die Schule gehen! – Ich war nur halb bewusst und blieb einige Augenblicke länger liegen, als nötig gewesen wäre – hauptsächlich aus Rachegefühl gegen meinen heimtückischen Angreifer. Dann lasen mich Leute auf und brachten mich in das nahe Haus zweier lediger alter Tanten. Von da an entwickelten sich bei mir Ohnmachtsanfälle, sobald ich wieder zur Schule hätte gehen sollen, und ebenso, wenn meine Eltern mich zur Erledigung der Schularbeiten veranlassen wollten. Mehr als ein halbes Jahr lang blieb ich der Schule fern, und das war für mich ein „gefundenes Fressen". Ich konnte frei sein, stundenlang träumen, irgendwo am Wasser oder in den Wäldern sein oder zeichnen. Ich malte wilde Kriegsszenen oder alte Burgen, die angegriffen wurden oder nieder brannten, oder ich füllte ganze Seiten mit Karikaturen. (Auch heute noch erscheinen mir gelegentlich solche Karikaturen vor dem Einschlafen: grinsende Fratzen, die sich dauernd verändern. Manchmal waren es Gesichter von Menschen, die ich kannte und die dann bald darauf starben.) Vor allem aber konnte ich ganz in die Welt des Geheimnisvollen eintauchen. Dazu gehörten Bäume, Wasser, Sumpf, Steine, Tiere und die Bibliothek meines Vaters. Alles das war wunderbar. Aber ich kam immer mehr von der Welt weg – mit einem leisen Gefühl von schlechten Gewissen. Ich verdämmerte meine Zeit mit Herumstrolchen, Lesen, Sammeln und Spielen. Doch fühlte ich mich dabei nicht glücklicher, sondern es war mir dunkel bewusst, dass ich vor mir selber floh. ich vergaß vollständig, wie dies alles zustande gekommen war, bedauerte aber die Bekümmernisse meiner Eltern, die verschiedene Ärzte konsultierten. Die kratzten sich den Kopf und schickten mich in die Ferien zu Verwandten nach Winterthur. Dort war ein Bahnhof, der mir endloses Entzücken bereitete. Aber als ich wieder nach Hause kam, war alles wie zuvor. Ein Arzt riet auf Epilepsie. Ich wusste damals schon, was epileptische Anfälle waren, und lachte innerlich über den Unsinn. Meine Eltern dagegen waren besorgter denn zuvor. Da geschah es einmal, dass ein Freund meinen Vater besuchte. Die beiden saßen im Garten und ich in einem dichten Gebüsch hinter ihnen, denn ich war von unersättlicher Neugier. Ich hörte, wie der Besucher zu meinem Vater sagte: „Und wie geht es denn deinem Sohn?" Worauf der Vater antwortete: „Ach, das ist eine leidige Geschichte. Die Ärzte wissen nicht, was mit ihm los ist. Sie meinen, es sei Epilepsie. Es wäre schrecklich, wenn er unheilbar sein sollte. Ich habe mein bisschen Vermögen verloren, und was soll dann mit ihm geschehen, wenn er sein Leben nicht verdienen kann? Ich war wie vom Donner gerührt. Das war der Zusammenstoß mit der Wirklichkeit. – „Aha, da muss man arbeiten", schoss es mir durch den Kopf. Von da an wurde ich zu einem ernsthaften Kind. Ich drückte mich leise davon, ging in die Studierstube meines Vaters, nahm meine lateinische Grammatik hervor und fing an, konzentriert zu büffeln. Nach zehn Minuten hatte ich meinen Ohnmachtsanfall. Ich fiel fast vom Stuhl, fühlte mich aber nach wenigen Minuten wieder besser und arbeitete weiter. „Zum Teufel nochmal, man hat keine Ohnmacht!", sagte ich mir und fuhr in meinem Vorsatz fort. Es dauerte etwa eine Viertelstunde, bis der zweite Anfall kam. Er ging vorüber wie der erste. „Und jetzt gehst du erst recht an die Arbeit!"Ich harrte aus, und nach einer weiteren halben Stunde [sic!], bis ich das Gefühl hatte, dass die Anfälle überwunden seien. Ich fühlte mich auf einmal besser als alle die Monate zuvor. Die Anfälle wiederholten sich in der Tat nicht mehr, und ich arbeitete von da an jeden Tag in meiner Grammatik und in meinen Schulheften. Nach einigen Wochen ging ich wieder zur Schule, und es kamen auch dort keine Anfälle mehr. Der ganze Zauber war weg. – Daran habe ich gelernt, was eine Neurose ist.

Nehmen wir den „Zusammenstoß mit der Realität" als Ausgangspunkt für die „affektiven Muster mit Veränderungspotential", dann können wir – dem Beispiel Jungs folgend – interpretieren: Wird der Konflikt, die Aufgabe, die Prüfung deutlich, mobilisiert das Ich seine Kräfte, um den neuen Entwicklungsschritt zu schaffen. Dies ist allerdings nur möglich, wenn das Ich über ausreichend Potential verfügt, Intentionalität und Willen gezielt einzusetzen. Auch diese Absicht des Ichs, nicht zu schaden, sondern ein Ziel zu erreichen, ist abhängig von der Qualität der Eltern-Kind-Beziehung. Als Beispiel für diesen Hintergrund zitieren Fonagy et al. (1998, S. 130) ein ich-psychologisches Beispiel von Stechler (1990):

Man stelle sich folgende Situation vor: Tom, 14 Monate alt, ist zu Besuch bei seinen Großeltern. Er sieht sich um, lächelt zufrieden, nimmt dann seine Tasse und hämmert damit begeistert auf einem empfindlichen Tisch herum. Die sanften Ermahnungen des Großvaters führen nur zu stärkerem Hämmern. Schließlich schimpft der Großvater:„ Du sollst den Tisch nicht kaputt machen, das ist ungezogen. Ich nehme dir die Tasse weg." Als ihm sein Hammer weggenommen wird, schlägt Tom zweimal verzagt auf den Tisch und beginnt dann wütend zu schreien. Als seine Mutter kommt, um ihn zu trösten, schlägt er nach ihr und kratzt sie. Sie beachtet das nicht und reicht Tom seine Trommel und den Schlegel. Toms Gesicht hellt sich auf, er beginnt rhythmisch auf die Trommel zu schlagen, sieht sich um und formt Laute.

Wenn wir uns – ausgehend von diesem Beispiel – vorstellen, dass der Ärger eines Kindes bereits früh und erheblich missverstanden wird, werden problematische emotionale Prozesse nachvollziehbar, die zu einer unangemessenen Intensität führen oder auch zu einer emotionalen Anspannung, in der kaum noch Gefühle erkennbar werden. So könnte man von verschiedenen Mischungen „irritierter" und „gesunder" Aggression, Bezogenheit, Energie und Handlungstendenz ausgehen, die (siehe die Abschnitte über Konflikt, Struktur, Trauma) mit verschiedenen psychotherapeutischen Möglichkeiten erreicht und verändert werden.

Nun ließe sich einwenden, dass die Perspektiven von Konflikt, Struktur und Trauma nicht sicher voneinander abzugrenzen sind, z. B. wird argumentiert, dass eine unbewusst-konflikthafte Dynamik jede psychische Störung bestimmt. Demnach könnte man sich auf die Konzepte von Containing, projektiver Identifikation, Durcharbeitung von Übertragung und Widerstand vielleicht ergänzt durch einige weitere Konzepte verlassen.

Für andere Therapeuten lässt sich nicht begründen, dass struktur- und traumabezogene Modelle lediglich eine Abwehrfunktion erfüllen, die Durcharbeitung behindern oder bestenfalls oberflächlich sind. Stattdessen werden die strukturellen Fähigkeiten als Voraussetzung gefordert, dass die Konflikte überhaupt eine differenzierte Gestalt gewinnen können.

Die Erweiterung und Ergänzung der unterschiedlichen Perspektiven möchte ich durch die Fortsetzung einer älteren fiktiven Fallgeschichte veranschaulichen (der 1. Teil wurde bei Rippe 2005, 2013, 2013b zitiert).

Zum Abschluss verweise ich gerne auf einige eigene Beiträge über partiell zukunftsgerichtete Gefühle zu Beginn und zum Ende einer psychoanalytischen Behandlung (z. B. Rippe 2013b). Auch hier geht es in erster Linie um behandlungstechnische Implikationen, die sich auf das Streben des Patienten nach Effektivität und Kompetenz beziehen.

5 Die Geschichte der Schaukel. Eine alte Erzählung mit einer neuen Fortsetzung

Einleitung

P. übernachtet in einem kleinen Hotel in Freiburg. Ein Klassentreffen ist geplant, diesmal nicht wie gewohnt in der Heimatstadt fünfzig Kilometer entfernt, sondern hier, in der nahen Universitätsstadt, in der einige der früheren Mitschüler ihre Studienzeit verbracht haben. P. hat in München studiert und sich erst spät den Treffen angeschlossen, die sich in großen und unregelmäßigen Abständen über fünf Jahrzehnte gehalten und verfestigt haben.

Da P. oft in seine Heimatstadt fährt, ist das Treffen in Freiburg durchaus eine Abwechslung, P. hat sich allerdings bei der Abstimmung enthalten und wusste nicht genau warum. Da er nun einen Tag zu früh in Freiburg ist, hätte er noch heimfahren können, oder bleiben und nach dem Treffen fahren, so war beides offen geblieben.

Frühmorgens nach dem Aufwachen, dem schnellen Frühstück, fragt P. an der Rezeption nach einem schönen Wanderweg, für etwa zwei bis drei Stunden an dem wahrscheinlich sonnigen Herbsttag.

Einige hundert Meter vom Hotel entfernt beginnt der Wanderweg in den Wald, P. fühlt die Kühle und Frische und überlegt, ob er zurückgehen soll. Vielleicht noch ein kurzes Stück, sozusagen als Test, denkt P. Der Wanderweg macht einen kleinen Bogen, eine kleine Lichtung, einige erste Sonnenstrahlen und dann sieht er den kleinen Spielplatz, natürlich noch leer. Ganz am Rande, so als ob sie nicht dazugehört, die kleine Schaukel, nein, klapprig ist sie nicht, sie ist alt und stabil, aber trotzdem, irgendwie auf dem Abstellgleis, vielleicht bei der Erneuerung vergessen, oder auf den Wechsel wartend.

P. schaudert und beginnt leicht zu zittern. Seine Hand sucht die Rücklehne der nächsten Bank und er ist erleichtert, dass er sich setzen kann. Die Schaukel ist fest im Blick und es dauert Minuten bis P. sich zurücklehnen kann. Langsam löst sich das Zittern zu einem leichten Vibrieren und P. stellt erleichtert und dankbar fest, dass sein Körper sich beruhigt, ihn nicht verlassen hat und dass langsam das Denken wieder beginnt

Es ist die Schaukel, die ihn so anspricht, da gibt es keinen Zweifel, aber warum so heftig? Die Faszination der Schaukel, allein die ihn anrührende Beobachtung von schaukelnden Kindern, den ermunternden und bremsenden Eltern ist P. gut bekannt. Aber in seinen früheren Therapien hat die Schaukel wohl nie eine besondere Rolle gespielt. Oder doch? P. denkt an einen Briefwechsel vor zwei Jahren mit seinem letzten Therapeuten T. Dieser hatte ihn gefragt, ob er einen Therapiebericht der gemeinsamen Arbeit in einer Arbeitsgruppe vortragen und diskutieren dürfe. Als P. den Wunsch äußerte, diesen Bericht lesen zu dürfen, er hatte bereits zugestimmt, hatte T ihm diesen Bericht geschickt.

Nachdem P.'s Körper sich weiter entspannt und beruhigt hat, nimmt er sich vor, diesen Therapiebericht und auch seine Erinnerungen noch einmal weiter zu befragen. Dies hat er bereits häufiger mit guten

Gefühlen gemacht, denn diese fünfjährige Therapie ist sehr wichtig für ihn gewesen, weil sie ihn etwas aus der Vergangenheit gelöst und an das aktuelle Leben angeschlossen hat.

Trauma und Veränderung

Einige Tage später liest P. den Bericht. Er fühlt sich in seiner Erinnerung bestätigt: Die Schaukel kommt nicht vor, aber er könnte doch trotzdem einmal wieder seinem Therapeuten T. schreiben, ihn vielleicht sogar anrufen. Er entschließt sich, ihn zu hören und mit ihm zu sprechen.

Eine weibliche, weiche und freundliche Stimme ist am Telefon. P. stellt sich kurz vor und fragt nach T. Die Stimme verändert sich, wird nachdenklich, vielleicht etwas bestürzt: Ich bin A., T. ist vor neun Monaten tödlich verunglückt, eine Kollegin und ich, wir haben seine Praxis übernommen.

A.: Kann ich etwas für Sie tun?

P.: (schweigt) ... ich weiß nicht, ich bin ganz ... ohne Gefühl ...

A.: Sie sind doch P., ich war in der Arbeitsgruppe, die über Ihre Behandlung diskutiert hat, Sie haben uns sehr beschäftigt, wir waren Ihnen sehr dankbar, dass Sie zugestimmt haben. Für T. war Ihr Einverständnis sehr wichtig, auch weil Sie ja hin und wieder miteinander gesprochen haben und das wohl so bleiben würde.

P.: Ja, so sollte es eigentlich sein, mir ist etwas aufgefallen, ich wollte ihn um Rat fragen, und jetzt ...

A.: Sie können überlegen, ob ich als Gesprächspartner in Frage komme, vielleicht nicht jetzt ... ich würde mich freuen ...

P.: (ist gerührt über die Macht der Freundlichkeit) Ich würde Sie gerne anrufen, um einen Termin zu verabreden.

Das 1. Gespräch

Zu Beginn des ersten Treffens sprechen A. und P. über den Unfalltod von T. Beide sind traurig und voller Zuneigung, obwohl sie ihn aus ganz unterschiedlichen Perspektiven kannten. A. betont besonders T.'s Engagement für alle psychotherapeutischen Fragen, die mit existentiellen Ängsten und Traumata zusammenhängen. So war auch die gemeinsame Arbeitsgruppe entstanden, die lange Jahre bestand, ohne zu einer dichteren persönlichen Beziehung zu führen. A. eröffnet dann den Themenwechsel.

A.: Haben Sie ein aktuelles Anliegen? Ich würde mich freuen, wenn ich darauf eingehen kann, ich kann natürlich T. nicht ersetzen, aber wir haben häufig über Themen gesprochen, die durch Ihre Therapie angeregt wurden.

P.: (Ist bewegt über den freundlich-direkten Zugang von A. und ihre Fähigkeit, den Blickkontakt zu suchen, ein bisschen zu halten, gedankenverloren zu lösen und dabei weder vernachlässigend noch aufdringlich zu sein) ... Ich hätte so viel zu sagen, aber ich erzähle erst einmal, wie es zu meinem ersten Anruf jetzt gekommen ist. (P. berichtet ausführlich über sein Erleben mit der Schaukel, den Schock, das Zittern, die dann folgende langsame Erleichterung, den

Erinnerungsverlust darüber, ob dieses Thema überhaupt in dem Bericht von T. aufgetaucht war.

A.: In dem Bericht nicht, aber in unseren Diskussionen ja. Sie haben mehrfach die Erinnerung an die Schaukel erwähnt, wir haben dann unsere eigenen Kindheitserinnerungen mit der Schaukel befragt und dann auch etwas in unserer Fachliteratur herumgesucht.

P.: Haben Sie etwas gefunden?

A.: Oh ja, die Schaukel ist wohl ein „Objekt", das viele Kindheitserinnerungen und frühe Gefühle aufbewahrt, wie ein Gefäß, oder überhaupt ein Behälter oder wie eine umhüllende Haut.

P.: So wie eine Landschaft, das Meer, eine Zugfahrt?

A.: Ja, aber auch noch kleinere, situative und vage erscheinende Reize. In dieser Mappe (A. zeigt auf einen unscheinbaren Umschlag) ist alles, was unsere Gruppe an Kopien über unsere Diskussionen gesammelt hat. Es ist auch ein Zitat über die Schaukel dabei.

P.: Werden Sie es mir sagen?

A.: Natürlich, aber Ihre Erfahrung ist die eigene, die haben Sie gemacht, es ist Ihr Erleben. Ich kann Ihnen zwei Zitate von Christopher Bollas anbieten, möchten Sie lieber eine Kopie oder soll ich sie Ihnen kurz vorlesen?

P.: (lächelt etwas verlegen) ... Natürlich lieber vorlesen ... (Er sieht an A. vorbei, sein Blick kommt zurück und er bemerkt, dass A. den Blick zurückhaltend freundlich bewahrt hat. Erleichtert bestätigt er noch einmal, dass er sehr gerne zuhören würde).

A.: (liest zwei Zitate von Bollas, 1992, deutsch 2000, S. 24f.)

1. Wir alle kennen dieses Innehalten, wenn uns ein bestimmter Duft aus einem fernen Dorf unserer Kindheit anzuwehen scheint und es fast so ist, als könnten wir durch die Vergangenheit hindurch auf den Kern vergangener Selbsterfahrung zurückgreifen und sie berühren. Manchmal hören wir ein Musikstück, das in einer ganz bestimmten Phase unseres Lebens in Mode war, und auch das ruft in uns weniger eine Erinnerung wach als vielmehr einen inneren seelischen Zustand voller Bilder, Gefühle und starker körperlichen Empfindungen. Wir können uns noch so sehr bemühen, jemandem zu erzählen, was in uns vorgeht, – „Ach, dieser Duft, solche Blumen standen in unserem Garten, als ich ein Kind war!" – , es wird uns nicht gelingen, die Textur unserer inneren Erfahrung zu vermitteln.

2. Ein Kind kann einen konservierten Selbstzustand mit ganz bestimmten Objekten verbinden, die zu seiner früheren Erfahrung gehören. Als ich etwa zwei Jahre alt war, kehrte mein Vater aus dem Zweiten Weltkrieg zurück; bald danach kam mein Bruder zur Welt, und ich wurde ungefähr ein halbes Jahr lang täglich für einige Stunden in die Kinderkrippe gebracht, solange meine Mutter meinen Bruder stillte. Obgleich sich meine Eltern vor dem Krieg sehr geliebt hatten, empfanden sie nun eine verwirrende Distanz zueinander, so dass zu Hause eine Zeitlang eine traurige Bedrücktheit herrschte. Ich bin sicher, dass ich als Teil dieser Szenerie irgend etwas davon wusste, doch ich war nicht imstande, über das, was ich wusste, nach-

zudenken. Ich nenne ein solches Wissen ein unreflektiertes Wissen. In meiner Krippe aber bestimmte ich ein Objekt, und zwar eine Schaukel, dazu, einige Züge dieses Selbstzustandes zu bewahren. Ich weiß eigentlich nicht, warum, aber im nachhinein stelle ich mir vor, dass gerade die Schaukel, ein Gegenstand, der so viel Freude gemacht hatte, (war die Schaukel doch ein Objekt für eine unbeschwerte Zweierbeziehung), nun, da er leer und ungenutzt blieb, den Mangel an Lust signalisierte. Vielleicht verlegte ich meine leichte Niedergeschlagenheit in dieses Objekt. Tatsache ist, dass in mir bis heute, wenn ich einen bestimmten Typus von Kinderschaukel auf einem Spielplatz sehe, etwas von der damaligen Selbsterfahrung wieder auflebt.

P.: Das verstehe ich, ich möchte diesen Gefühlen weiter nachgehen. Danke.

Das 2. Gespräch

P.: Mir ist einiges von früher eingefallen, aber im Vordergrund steht, dass ich mit meinem Freund Rolf und seiner sechsjährigen Enkelin Ullrike auf einem Spielplatz war. Ich gehe gerne auf Spielplätze, meist mit Freunden und ihren Enkelkindern. Das hat sich jetzt auch wieder so ergeben. Es ist wirklich merkwürdig, was ich alles beobachten konnte. Eigentlich sind es wohl immer die Schaukeln, die ich sofort umkreise, während die Kinder meistens ganz woanders anfangen, sie laufen zu anderen Kindern, spielen im Sand oder balancieren.

A.: So als ob der Anblick einer Schaukel Sie mehr in Bewegung setzt. Irgendwie symbolisiert sie ja auch ein auf und ab, vielleicht ist die Bewegung der Gefühle angesprochen, die Stimmungsschwankungen, oder Spiel und Freude überhaupt.

P.: Ja, da ist so was, ich kann es kaum abwarten, bis eins der Kinder die Schaukel ansteuert, ich bin voller Erwartung und auch etwas angespannt, dass gleich etwas Aufregendes passieren wird.

A.: Was könnte das sein, ist es die Mitfreude über das jetzt neue Spiel, der Glanz in den Augen, das Temperament der Kinder?

P.: Es ist mehr die Unterschiedlichkeit des Herangehens, wenn ein Kind nur auf der Schaukel sitzt, habe ich sofort den Impuls zu schubsen, ist das Kind mehr als so hoch (P. zeigt die Höhe) beginne ich zu bremsen oder sogar festzuhalten. Ich habe manchmal schon – voller Aufregung – die Notbremse gezogen. Die Ullrike war richtig empört, es hat einen kleinen Kampf gegeben, aber ich habe mich durchgesetzt. Mein Freund Rolf hat mich etwas bespöttelt, ich sei wohl besonders ängstlich. Das war mir aber nicht so wichtig.

A.: Sie sind zwar sehr angezogen von der Bewegung, aber sie muss in Kontrolle sein.

P.: Genau, ein Kind, das nicht schaukelt, sondern nur sitzt, das geht gar nicht, aber genauso wenig geht das riskante schaukeln, obwohl noch nie etwas passiert ist.

A.: Sitzen Sie eigentlich auch manchmal auf der Schaukel, wie war es bei diesem Mal mit Ihren Freunden?

P.: Wenn die Kinder wieder von der Schaukel weggegangen sind, dann setze ich mich manchmal auf den

Sitz (lacht), und ich drehe mich ein bisschen aus dem Stand um die eigene Achse. Nein, mehr mache ich nicht, dafür bin ich zu alt.

A.: Ja, natürlich sind Sie jetzt alt, aber die Gefühle, die Sie jetzt haben, könnten trotzdem zu Ihrer Kindheit gehören. Da hat es ganz viel Angst und Stillstand gegeben.

P.: Das war so, das hat sich auch später immer wiederholt, auch zu Beginn der Therapie, diese Phase hat T. nur ganz kurz zusammengefasst. Aber dann kamen die Erinnerungen (P. erzählt, wie sehr ihn diese Öffnung dem aktuellen Leben näher gebracht hat. Die Begegnung mit der Schaukel jetzt sei wie eine Neuauflage, ein Zusammentreffen zwischen Erschrecken und Lebensmut).

Das 3. Gespräch

P.: Vor ein paar Nächten habe ich geträumt, ich spiele als kleiner Junge mit Murmeln auf dem kleinen Weg hinter dem Haus, direkt neben den Bäumen und dem Rasen, aber die Schaukel ist nicht da.

A.: Ein symbolischer Traum oder ist sie tatsächlich erst aufgebaut worden, als Sie etwas älter waren?

P.: Bestimmt noch vor Schulbeginn. Vielleicht gab es die Schaukel erst mit vier oder fünf, aber es war keine neue Schaukel. Die Stämme waren so grau-braun, der Sitz auch dunkel, und die Kette schwer, stabil, aber alt.

A.: Vielleicht wollten die Eltern und Großeltern keine Schaukel in der Nähe ihres Trauerhauses. Erst einige Jahre nach Kriegsende und den vielen Toten konnte das Leben wieder etwas neu beginnen. Es könnte sogar sein, dass es die Schaukel Ihrer Mutter und des gefallenen Bruders war, nein – das wäre zu weit phantasiert, aber eine Schaukel hat es vielleicht irgendwann im Garten der Großeltern gegeben.

P.: Das denke ich schon, aber ein richtiger Neubeginn war es sicherlich nicht. Aber auf einmal war die Schaukel da, ich war in ihrer Nähe, aber keiner war dabei, der mich angeschoben oder gehalten hätte. Ich saß dann zwar auf der Schaukel, aber ich war ziemlich unbeweglich, entweder ganz still, oder ein bisschen vor und zurück, die Füße immer in Bodennähe.

A.: Es hat nie jemand zugesehen?

P.: Nein, kann ich nicht erinnern, andere Kinder waren auch nicht da, aber das war ja klar, keiner sollte überhaupt zum spielen kommen. Zu laut, zu lustig.

A.: Aber die Existenz der Schaukel war – so könnte es gemeint gewesen sein – das Zeichen dafür, dass es nun erlaubt war, dass Sie sich ihrer körperlich-emotionalen Erfahrung zuwenden konnten.

P.: Könnte sein, allein die Erinnerung macht mich aufgeregt, ängstlich und wütend zugleich. Ich glaube, dass ich ganz heftige Gefühle gehabt habe, als die Schaukel dann da war, sie war da, sonst niemand, ich konnte wohl nur üben oder mich daran festhalten.

A.: Was haben Sie geübt?

P.: Das Sitzen, das Drehen, das langsame Ausholen nach hinten, nach vorne. Einmal bin ich vor Erregung fast geplatzt, vielleicht wollte ich einen Riesenschwung starten. Ich bin dann sofort geflüchtet, in den Nachbargarten gerannt, bin voller Übermut über einen kleinen Teich gesprungen und mitten im Wasser gelandet. Panisch bin ich ins Haus gelaufen, meine Großmutter hat mich getröstet, das hat sie sonst nie gemacht, oder ich habe es vergessen,

A.: Ich glaube, dieses Platzen vor Erregung hat die Lähmung, das Erstarren, das Abschalten gelöst. Dies war wohl der Beginn der Körpersprache. Es war ja auch der Körper, der sich so vehement gemeldet hat, als sie auf dem Spaziergang in Freiburg die Schaukel entdeckten. Sie haben das Vibrieren und Zittern berichtet. Die Schaukel hat das Trauma neu berührt, zum Erleben und zum Nachdenken angeboten.

P.: Wenn es wirklich so ist, dann verstehe ich etwas, dass mich das Zittern nicht nur in Panik gebracht hat . Viel schlimmer war das stille Sitzen auf der Schaukel, oder die früheren Träume, total eingeschlossen zu sein, im Kofferraum eines Autos oder unter der festgefrorenen und undurchlässigen Eisdecke.

A.: Bei ihren ganz frühen traumatischen Erfahrungen ist ein instinktives Flüchten oder Kämpfen nicht möglich gewesen, nur die totale Immobilität, das Abschalten oder Erstarren.

Die Schaukel z. B. hat den Durchbruch zur Erregung und zum körperlichen Zittern geschafft, früher und heute. Und dann konnten Sie noch Zuwendung und Trost erfahren: Diese Verbindung kann der Schlüssel für die Veränderung des Traumas sein. Für einen kurzen Augenblick wird die Erstarrung erlebt und dann die Möglichkeit, aus diesem Zustand wieder herauszukommen.

P.: Muss ich das üben, dieses kurze Erleben der Erstarrung, das instinktive flüchten wollen und die gleichzeitige Vitalität und den Übermut, voll in der Aktivität aufzugehen?

A.: (lachend) Sie brauchen sich nur auf die Schaukel zu setzen, dann fühlen und erleben Sie alles, jedes Mal wird das Trauma neu verhandelt. Ich kann Ihnen – wenn Sie das wollen – ein Zitat mitgeben, das unsere Gruppe sehr beschäftigt hat. Es kommt aus Persien (Rumi 1207–1273) und wird in der Traumaforschung von Peter A. Levine (2011) zitiert.

In Erwartung des Schlimmsten schaust du hin und erblickst stattdessen das freudige Gesicht, das du so gern sehen wolltest.
Deine Hand öffnet und schließt sich und öffnet und schließt sich.
Bliebe sie zur Faust geballt oder geöffnet, wärst du gelähmt.
Immer wenn du dich verschließt und öffnest, und sei es nur ein wenig, bist du darin zutiefst präsent.
Beides ist in wunderschöner Harmonie und schwingt zusammen wie die Flügel eines Vogels.

P. und A. verabschieden sich, ohne einen festen Termin zu verabreden.

Literatur

Arbeitskreis OPD (Hrsg.) (2006) Operationalisierte Psychodynamische Diagnostik OPD-2. Manual für Diagnostik und Therapieplanung. Huber, Bern.

Bibring E (1937) Contribution to the symposium on the theory of the therapeutic results of psychoanalysis, Int.J.PsychoAnal 18.

Bollas C (2000) Genese der Persönlichkeit. Klett-Cotta, Stuttgart.

Cornell AW (1997) Focusing – Der Stimme des Körpers folgen. Rowohlt Tb, Reinbek.

Deneke FW (1999, 2001) Psychische Struktur und Gehirn. Schattauer, Stuttgart.

Fenichel O (1941) Problems of Psychoanalytic Technique. New York: Psychoanalytic Quarterly.

Finke J (1999) Beziehung und Interaktion. Georg Thieme Verlag, Stuttgart.

Fonagy P, Moran GS, Target M (1998) Aggression und das psychische Selbst, Praxis der Kinderpsychologie und Kinderpsychiatrie. Vandenhoeck u. Ruprecht, Göttingen, S.125-143.

Freud S (1938) Die psychoanalytische Technik. GW XVII, Frankfurt 1966.

Fürstenau P (2001) Psychoanalytisch verstehen Systemisch denken Suggestiv intervenieren. Pfeiffer bei Klett-Cotta, Stuttgart.

Giegerich W (1999) Der Jungsche Begriff der Neurose, Peter Lang Europäischer Verlag der Wissenschaften, Frankfurt.

Greenson R (1973) Technik und Praxis der Psychoanalyse. Klett, Stuttgart.

Hoffmann SO (2008) Psychodynamische Therapie von Angststörungen. Einführung und Manual für die kurz- und mittelfristige Therapie. Schattauer, Stuttgart.

Hohage R (2011) Analytisch orientierte Psychotherapie in der Praxis (5.Auflage). Schattauer, Stuttgart.

Lammers C-H (2011) Emotionsbezogene Psychotherapie. Grundlagen, Strategien, Techniken. Schattauer, Stuttgart.

Levine PA (2011) Sprache ohne Worte. Wie unser Körper Trauma verarbeitet und uns in die innere Balance zurückführt. Kösel-Verlag, München.

Müller-Pozzi H (1991) Psychoanalytisches Denken. Hans Huber, Bern.

Muck M (1974) Die psychoanalytische Behandlung und ihre Wirkung, in: Muck M, Schröter K, Klüwer R, Eberenz U, Kennel K, Horn K (1974) Informationen über Psychoanalyse. Suhrkamp Verlag, Frankfurt.

Rippe B (2005, 2013) Psychischer Stress, in: Rensing et al. Mensch im Stress. Psyche, Körper, Moleküle. Elsevier Spektrum, München.

Rippe B (2013a) Psychoanalytische Zitate. Markierungen einer Lernentwicklung als Psychologischer Psychotherapeut und Psychoanalytiker. BoD, Norderstedt.

Rippe B (2013b) Grundkurs Psychoanalyse in der psychotherapeutischen Praxis, BoD Norderstedt.

Rudolf G (2004) Strukturbezogene Psychotherapie. Schattauer, Stuttgart.

Schmitz H (2000) Die Verwaltung der Gefühle in Theorie, Macht und Fantasie, in: Benthien C, Fleig A, Kasten I (Hrsg.) Emotionalität: Zur Geschichte der Gefühle. Böhlaus, Weimar, Wien.

Stechler G (1990) Psychoanalytic perspectives on the self during the transition period. In: Cicchetti D, Beegley M (ed) The self in transition: Infancy to Childhood. Chicago: Univ. Chicago Press.

Vogt R (2002) Psychoanalyse und Psychotherapie – zwei feindliche Schwestern? Psychoanalyse im Widerspruch, 27, 19-28.

Yalom ID (1989) Existentielle Psychotherapie. Edition Humanistische Psychologie, Köln.